Hermann Multhaupt

Die Bremer Stadtmusikanten
auf Herbergssuche

Eine unterhaltsame Weihnachtsgeschichte

Hermann Multhaupt

Die
Bremer Stadtmusikanten auf Herbergssuche

Eine unterhaltsame
Weihnachtsgeschichte

Mit einer
Einführung von
Henning Scherf

benno

Hermann Multhaupt,

geb. 1937, bis 2000 Chefredakteur der Kirchenzeitung „Der Dom" in Paderborn, zahlreiche Veröffentlichungen. Im St. Benno Verlag erschienen zahlreiche Geschenkbücher zum Thema irische Segenswünsche und historische Romane.

Henning Scherf,

geb. 1938, Jurist und Politiker, ab 1995 Bürgermeister von Bremen und Präsident des Bremer Senats; engagiert sich seither in zahlreichen Ehrenämtern. Autor mehrerer Bestseller zum Thema Älterwerden und Wert des Alters in der Gesellschaft wie z. B. *Grau ist bunt.*

Bibliografische Information der Deutschen Nationalbibliothek
Die Deutsche Nationalbibliothek verzeichnet diese Publikation in der Deutschen Nationalbibliografie;
detaillierte bibliografische Daten sind im Internet unter http://dnb.d-nb.de abrufbar.

Besuchen Sie uns im Internet:
www.st-benno.de

Gern informieren wir Sie unverbindlich und aktuell auch in unserem Newsletter zum Verlagsprogramm, zu Neuerscheinungen und Aktionen.
Einfach anmelden unter www.vivat.de

ISBN 978-3-7462-6637-4

© St. Benno Verlag GmbH, Leipzig
Umschlaggestaltung: Grit Fiedler, Visulabor GbR, Berlin/Leipzig
Umschlagabbildung: © stock.adobe.com/namosh
Gesamtherstellung: Arnold & Domnick, Leipzig (B)

Märchenstimmung
und andere Glücksfälle

Das ist eine zauberhafte Weitererzählung der berühmten Grimmschen „Bremer Stadtmusikanten"! Zunächst beginnt es wie bei den Brüdern Grimm: Der Esel Bileam hat als Jahrmarktattraktion ausgedient und reißt aus; auf seiner Reise nach Bethlehem trifft er den alten Hund Harras; beide finden dann die alte Katze Thusnelda. Diese drei alten Tiere werden Freunde. Der Esel ist mit seinen Träumen, nach Bethlehem zu kommen, tonangebend, er will wissen, wo die vielen Weihnachtsmärkte ihren Ursprung haben. Die anderen versuchen, den Esel umzustimmen und nach Bremen wie ihre berühmten Vorfahren zu ziehen. Dann treffen sie den Gockel Hinkel.

Der Schluss ist gänzlich anders als bei den Grimm-Brüdern: Die vier finden ein einsames großes Haus, ein Altersheim. Die Alten freuen sich über den Besuch: endliche eine Abwechslung! Aber die Heimleiterin ist strikt dagegen. Erst als ein schlauer Mitbewohner seinen Onkel, den Gründer und Aufsichtsratsvorsitzenden, erreicht, einigen sich alle. Die vier Tiere haben eine Unterkunft und genug zu fressen.

Diese wunderbare Erzählung will lebendig halten, dass Zusammengehen ein Glücksfall ist, nicht nur für Tiere, sondern auch für Menschen jeden Alters. Auch dass die Erinnerung an Bethlehem dabei helfen kann, muss immer wieder neu beschrieben werden.

Ich hatte beim Lesen dieses Büchleins so viel Spaß, dass ich vergessen hatte, dass auf dem Herd ein Gemüsetopf vor sich hinkochte. Erst als eine Mitbewohnerin den strengen Rauchgeruch bemerkt hat, haben wir eine größere Feuersbrunst verhindert. Also: Wenn etwas auf dem Herd kocht, darf man nicht die Küche verlassen.

Ich wünsche allen Eltern, Großeltern und Kindern viel Freude an diesem Büchlein. Ich werde es in der Adventszeit und zu Weihnachten Jung und Alt vorlesen.

Henning Scherf
Bremer Bürgermeister a. D.

Der Esel Bileam war in die Jahre gekommen. Er hatte zwar nicht, wie seine Vorfahren, die Getreidesäcke zur Mühle tragen müssen, was eine mühselige Arbeit gewesen war, doch die jahrelange Tätigkeit auf den Jahr- und Weihnachtsmärkten war auch nicht ohne Mühen gewesen. Die Kinder stundenlang auf dem Rücken im Kreis zu tragen, fiel zwar nicht schwer, doch das ewige Musikgedudel hatte das Gehör des Esels geschädigt, und das Gehen im Kreis machte ihn mit der Zeit schwindelig. Gern hätte er einmal einen Ausflug in die Berge gemacht, ja, wenigstens eine Stunde wäre er gern mit Genuss durch die Natur getrabt, doch dazu war es während seines fast dreißigjährigen Esellebens nicht gekommen. Der Besitzer, Herr Baumann, räumte ihm keine Gelegenheit dazu ein, nein, er kam nicht einmal im Traum auf den Gedanken, dass ein Esel auch mal geradeaus gehen muss und nicht nur im Kreis marschieren wollte.

Und nun war er auf dem Weihnachtsmarkt zusammengebrochen … Der dicke Emil und der lange Eduard waren heimlich auf seinen Rücken geklettert, als Hans, der Tierpfleger, einen Moment nicht hingeschaut hatte. Natürlich hatte es ein Donnerwetter gegeben, doch es war für die beiden Jungen glimpflich ausgegangen, weil nämlich ihre Eltern in der Nähe standen, und da traute Hans sich nicht, die Lümmel so auszuschimpfen, wie sie es verdient hätten. Stattdessen schlug er dem armen Esel mit der flachen Hand auf seinen geschundenen Rücken und machte ihm Vorwürfe, weil er mit den Beinen eingeknickt war und fast einen Unfall verursacht hatte.

Als Herr Baumann abends Kasse machte und die Einnahmen zählte, erkundigte er sich bei seinem Mitarbeiter, ob während des Tages etwas Außergewöhnliches vorgefallen sei. Da erzählte Hans, dass der Esel sich wie ein Esel benommen und zwei Jungen in den Sand gesetzt habe.

„Ja, ja", brummte Herr Baumann, „mir ist schon länger aufgefallen, dass Bileam seine

Macken hat. Auf Dauer geht das nicht mehr. Na ja, schließlich ist er auch nicht mehr der Jüngste. Wir sollten uns gelegentlich nach einem Nachfolger umsehen."

Nachfolger? Der Esel spitzte die Ohren.

„Was wollen Sie mit ihm machen?", fragte Hans neugierig.

„Nun, ich gebe ihm noch drei, vier Monate. Dann hat er ausgedient."

„Und bekommt er dann sein Gnadenbrot?"

„Gnadenbrot? Bin ich ein Wohltäter für Tiere?", brauste Herr Baumann auf. „Ich bin froh, dass ich mit meinen Auftritten auf den Jahr- und Weihnachtsmärkten über die Runden komme und meine Steuern bezahlen kann. Oder willst du etwa für die Hälfte deines Gehaltes arbeiten? Dann können wir über das Gnadenbrot sprechen."

„Es gibt doch Altenteile für Tiere, Herr Baumann", sagte Hans zögerlich, doch Herr Baumann machte eine abwehrende Handbewegung.

„Es gibt auch die Spritze und den Abdecker", erwiderte er schroff. „Ich werde gelegentlich den Tierarzt kommen lassen, er soll sich den Esel ansehen. Das Beste wäre, er nähme ihn gleich mit."

Als Bileam das hörte, zuckte er zusammen. Seine Knie begannen zu schlottern und eine Gänsehaut bildete sich widernatürlich unter seinem Eselsfell.

Ich habe mein ganzes Leben Herrn Baumann gedient, und das ist der Dank, dachte er und er konnte sich nicht beruhigen. Als Hans ihn in den Stall brachte und ihm wie immer einen Klaps auf das Hinterteil gab, da stand für den Esel fest, dass er die nächste Gelegenheit zur Flucht ergreifen würde.

In der Nacht hatte Bileam einen seltsamen Traum; denn auch Tiere träumen, nicht nur Menschen. Er sah sich um zweitausend Jahre zurückversetzt in das Heilige Land. Er war auf dem Weg von Nazareth nach Bethlehem. Auf seinem Rücken saß eine junge Frau, der es

nicht gut ging, denn sie stöhnte manchmal und drückte auf ihren Leib. Dann sah sich der Mann, der ihn am Strick führte, besorgt um. „Nur noch ein kleines Stück", beruhigte er Maria, „dann sind wir da und werden eine Herberge finden."

„Lange halte ich es nicht mehr aus, lieber Josef", seufzte die Frau. „Das Kind möchte zur Welt kommen."

An dieser Stelle wachte Bileam auf. Trotz seiner Sorgen um seine Zukunft fühlte er sich froh und wie von einem schweren Druck befreit. Denn um welches Ereignis es in seinem Traum gegangen war, das ahnte er. Die Musikboxen und Lausprecher der Karussells auf den Weihnachtsmärkten dudelten es ja unentwegt vor sich hin, und der Männergesangverein „Frohe Stimme" sang es auf dem Marktplatz vor einem bewegt lauschenden Publikum: „Zu Bethlehem geboren ist uns ein Kindelein …"

Ja, Bethlehem, dachte der Esel, wenn ich dahin entfliehen könnte … Den Ort zu sehen, an  dem dieses große Wunder geschehen ist, das wäre mein letzter großer Wunsch, bevor ich … Nein, ich will nicht sterben, ich will leben! Ob Bethlehem sehr weit entfernt war?

Die Möglichkeit zur Flucht bot sich, als der Stall ausgemistet wurde. Während Hans noch mit der Arbeit beschäftigt war, entwich Bileam schnell um die Ecke, nahm alle Kraft zusammen und setzte mit einem Sprung, den ihm Herr Baumann nie im Leben zugetraut hätte, über die Hecke. Nun war er frei. Doch wohin sollte er fliehen? Wo lag Bethlehem?

Welche Richtung musste er einschlagen? Nach Osten? Nach Westen? Doch zunächst hieß es, möglichst schnell aus der Gegend zu verschwinden, denn Hans würde nach ihm suchen. Bileam entschloss sich, die Straßen und Wege zu meiden und sich querfeldein oder durch den Wald davonzumachen. Er rannte, er galoppierte sogar. Die Vorstellung, irgendwie nach Bethlehem zu kommen, beflügelte ihn.

Wer war dieses Kind, das die Weihnachtsmärkte erfunden hatte? Es musste sehr bedeutend gewesen sein, sonst hätten die Leute nicht so viel Aufhebens um es gemacht. Denn viele Menschen auf den Weihnachtsmärkten kauften Geschenke, um anderen eine Freude zu bereiten. Das hatte Bileam immer wieder beobachten können, auch wenn er meist nur im Kreis gegangen war. Das Kind hatte etwas in den Menschen bewegt. Vielleicht hatte es sie friedlich gestimmt und das Herz angerührt? Doch allen wohl nicht, denn sonst würde Herr Baumann nicht mit dem Tierarzt und dem Abdecker drohen. Ich möchte mehr über das Kind erfahren, dachte der Esel.

Den ganzen Tag war Bileam, von kleinen Verschnaufpausen abgesehen, unterwegs. Instinktiv bewegte er sich nach Osten, dorthin, wo morgens die Sonne aufging und sich über den

Bergen erhob. Der Sonne entgegenzulaufen schien Bileam sinnvoll, er wusste nicht, warum. Er spürte einfach den Drang, dieser Richtung zu folgen. Als es Abend wurde und sich die Sonne vom Tag verabschiedete, kam er an einen Bauernhof. Das Tor, das zum Haupthaus führte, stand offen. Ein heiseres Bellen erregte Bileams Aufmerksamkeit. Vor dem Eingang zum Nebengebäude lag ein Hund vor seiner Hütte. Er hob, als er den Esel erblickte, kaum den Kopf. Mit Mühe öffnete er die halb geschlossenen Augen.

„Nun, guter Freud", sprach Bileam ihn an, „um diese Zeit bist du wohl nicht mehr auf Wache, was? Oder hast du einen Achtstundentag und darfst keine Überstunden machen?"

„Du hast gut reden", seufzte der Hund. „Ich habe bessere Tage gesehen und du, wie ich sehe, ebenfalls. Hätte ich noch meine alte Form, es würde dir schlecht gehen, darauf kannst du Gift nehmen. Ich würde aufspringen und dir so heftig in die Hufe beißen, dass du Luftsprünge machst. Aber wie ich schätze, würden deine Luftsprünge wohl nicht mehr so hoch ausfallen."

Bileam blieb vor dem Hund stehen, der noch immer müde zu ihm aufblickte. „Um Gift zu nehmen, ist es noch zu früh, alter Kumpel. Ich sehe jedoch, dass es dir schlecht geht … Was ist geschehen?"

„Was geschehen ist? Abgelöst soll ich werden, verstehst du? Meine Tage als Wachhund sind gezählt. Der Bauer, ein Scheusal, sag ich dir, will mich loswerden, er weiß nur noch nicht wie. Auf meine alten Tage nimmt mich niemand mehr. Selbst im Tierheim würde ich nicht unterkriechen können, weil alte Knochen wie meine nicht mehr vermittelbar sind, habe ich gehört."

„So, so."

„Ja. Aber was treibt dich her?"

Bileam stellte sich vor und erklärte kurz, was ihn von zu Hause weggetrieben hatte.

„Kannst Harras zu mir sagen. Diese Nacht kannst du hierbleiben. Dort hinter dem Scheunentor liegen einige Bunde Stroh, darauf kannst du pennen", erklärte der Hund. „Und morgen früh gehe ich mit dir auf die Reise. Doch wohin?"

„Nach Bethlehem!"

„Bethlehem? Nie gehört. Einer meiner Vorfahren ist nach Bremen ausgewandert. Hat mir mein Großvater erzählt. Und wenn ich nicht irre, soll auch ein Esel wie du dabei gewesen sein."

„So? Ich hatte keinen Großvater."

„Jeder Esel hat einen Großvater", sagte Harras. „Du hast ihn wahrscheinlich nur nicht kennengelernt."

„Nein. Ich bin bei Herrn Baumann groß geworden und musste Kinder im Kreis herumtragen. – Soll ich dich von der Kette lösen?"

„Kette?"

„Ja, ein Hofhund liegt doch gewöhnlich an der Kette, oder nicht?"

„Eine Kette habe ich schon lange nicht mehr. Die hat man mir vor geraumer Zeit abgenommen. Ich wache im Liegen, wie du siehst, und muss mich nicht mehr an der Kette quer über den Hof quälen."

„Verstehe."

„Nichts verstehst du!", begehrte Harras auf. „Es ist peinlich und beschämend, dass ich mich nicht mehr vernünftig bewegen kann. Arthrose, sagt der Tierarzt, und Herzschwäche."

Bileam gab dem Hund einen Stoß von rückwärts und Harras kam stöhnend auf die Pfoten.

„Wer rastet, der rostet", sagte der Esel. „Wie ich sehe, wird es wirklich Zeit, dass wir etwas gegen deine Schwäche unternehmen."

Bileam blickte im Schein der letzten Sonnenstrahlen zur Scheune hinüber. „Sag mal, Harras, könntest du mir etwas zu essen besorgen? Ich habe den ganzen Tag noch nichts zu mir genommen, und allmählich knurrt mir der Magen."

Harras kroch bis an die Ecke des Hofes, wo sich der Eingang zur Scheune befand. „Dort hinter der Tür", flüsterte er mit heiserer Stimme, „steht ein Korb voller Möhren. Dort kannst du dich bedienen. Oder willst du lieber ein Stück Fleisch? Ich habe noch einen Knochen in der Hütte."

„Bin Vegetarier", sagte Bileam. „Etwas Heu und ein paar Möhren würden mir genügen."

Vorsichtig schlich er zur Scheune, um seinen Hunger zu stillen. Der Bauerngarten lag unter einer dünnen Schneedecke und war wie mit Puderzucker bestreut.

„Also, morgen früh beim ersten Hahnenschrei machen wir uns auf den Weg nach Bethlehem", rief der Hund ihm nach und trollte sich in seine Hütte.

Bileam lag auf dem Stroh. Es pikste manchmal, aber er genoss die letzte Möhre. Die Sonne war inzwischen ganz untergegangen, die Dunkelheit zog die Kälte an. In der Nacht schlief er sehr schlecht. Nicht wegen des Strohs, sondern weil wilde Träume ihn aufschreckten. Er sah den Tierarzt mit einer Spritze, so lang wie ein Arm, auf sich zukommen, und er lachte dabei so dröhnend, dass die Wände widerhallten. Da zitterte der Esel vor Angst, er wälzte sich von einer auf die andere Seite, und es dauerte lange, bis er schließlich zur Ruhe kam. Darauf sah er abermals die Frau, die er einst auf seinem Rücken getragen hatte. Sie saß jetzt in einem zugigen Stall neben einer Krippe, und in der Krippe lag ein Kind, ihr Kind. Josef, der Vater, schien bedrückt zu sein, denn er saß abseits, den Kopf in die Hand gestützt, und schielte ins Feuer. Ob es das Kind war, das den Weihnachtsmarkt erfunden hatte? Ach, da war ja auch er, Bileam, der Esel! Er stand abseits und fraß an einem Bündel Heu …

Auf einmal ging die Tür auf und ein paar Hirten betraten den Stall. Sie hatten kleine

Geschenke dabei und auch etwas zu essen. Brot, Käse, Butter, ein paar Oliven und Datteln. Und auch einige Frauen kamen, die

brachten Windeln und wärmende Decken, denn der Wind blies durch die Ritzen des Stalls. Doch plötzlich verblich das Bild, löste sich auf wie Nebel. Da erwachte der Esel.

Bileam war froh, als er die Sonne über dem Horizont aufsteigen sah. Es war noch sehr früh, über den Wiesen lag ein leichter Nebelschleier. Dazu geschneit hatte es nicht. Er sprang auf, schüttelte die Strohspiere aus seinem Fell und hielt Ausschau nach dem Hund.

Aus dem Schatten der Scheune kam etwas auf ihn zu.

„Aha, bist also schon wach", freute sich der Esel. „Ich wollte dich gerade wecken. Wir müssen los."

„Verzeihung, ich bin nicht Harras, ich bin Thusnelda, die Haus- und Hofkatze."

Bileam beugte sich vor. Tatsächlich, da hockte eine Katze, ihr Fell war struppig, und an manchen Stellen sah es so fleckig aus wie eine Landkarte.

„Iiiihhh, eine räudige Vertreterin ihrer Gattung", rief der Esel. „Du hast einen hübschen Namen, aber er passt gar nicht zu deiner Größe und …"

„Ja, sprich es ruhig aus: zu deiner Hässlichkeit", ergänzte die Katze. „Ich habe auch mal bessere Tage gesehen wie du, nehme ich an. Das Leben geht nicht spurlos an einem vorbei."

Bileam nickte. „Verzeih", sagte er, „ich wollte dich nicht beleidigen."

„Schon gut. Harras hat mir erzählt, was ihr vorhabt."

„So, hat er das, der Schwätzer. Ihr müsst ein angenehmes Verhältnis zueinander haben, denn wie heißt es sonst im Sprichwort: Sie sind wie Hund und Katze."

Thusnelda machte einen Buckel. „Die Zeiten, in denen wir uns gefetzt haben, sind längst vorbei. Ich gebe zu, vor vielen, vielen Jahren hat er mir nachgestellt. Aber ich konnte ihm fast immer entkommen. Einmal, als er mich erwischt hatte, hat er die Schärfe meiner Krallen kennengelernt. Seither ging es leidlich mit uns beiden, aber jetzt, im hohen Alter, sind wir Freunde geworden."

Der Esel fragte: „Wenn ich recht kombiniere, willst du deiner Aufgabe als Haus- und Hofkatze entfliehen, oder?"

„Mäuse fange ich schon lange nicht mehr. Die lachen mich aus", seufzte Thusnelda. „Saß doch neulich eine vor ihrem Loch und zog eine Grimasse. Weißt du, wie erniedrigend das ist?"

Bileam antwortete nicht,

aber er konnte sich gut vorstellen, wie sich die Katze fühlte.

Harras trottete herbei. „Da bist du ja endlich, du Schlafmütze", rief der Esel.

„Verzeihung, aber die Morgentoilette eines alten Herrn dauert etwas länger", entschuldigte sich der Hund. „Aha, wie ich sehe, habt ihr euch schon bekannt gemacht."

Die beiden nickten.

„Wir wollen keine Zeit verlieren. Bauern stehen immer früh auf, auch im Winter. Sie sollen uns nicht entdecken", drängte Bileam.

„Also, nach Bethlehem?", fragte Thusnelda.

„Ja, dann sehen wir weiter."

„Ist das weit? Weiter als Bremen?"

„Es liegt gen Osten, das spüre ich. Also immer in Richtung aufgehender Sonne."

„Bremen liegt im Norden", sagte der Hund.

„Ja, unsere Vorfahren sind nach Norden gezogen, aber bis Bremen sind sie doch nicht gekommen, obgleich dort ein Denkmal von ihnen steht."

„Woher weißt du das?", fragte Harras.

„Ich liebe alte Geschichten einfach", lachte Thusnelda.

Bileam blickte auf den roten Feuerball über den Bergen. „Ich glaube, das Kind ruft", sagte er leise.

„Welches Kind?", wollte Thusnelda wissen.

„Das den Weihnachtsmarkt erfunden hat", rief Harras. „Das hat sich doch allmählich herumgesprochen."

Sie zogen durch das Hoftor hinaus. Thusnelda und Harras sahen sich noch einmal um. Bileam ging stur geradeaus. Er wollte die verschämten Tränen der beiden Freunde nicht sehen.

Der Tag war schön, aber kalt. Der Schnee glitzerte. Krähen stiegen krächzend über den Feldern auf. Ein Fuchs blieb am Waldrand stehen und sah ihnen nach. In den fernen Dörfern regte sich das Leben.

„Wir sollten jeden Tag nur ein paar Kilometer gehen“, schlug der Hund vor. „Ich kann wegen meiner Arthrose nicht stundenlang laufen.“

„Hast du eine Ahnung, wie weit es bis nach Bethlehem ist?“, fragte die Katze.

„Nein, es kann mehrere Tage oder gar Wochen dauern.“

„Dann sollten wir lieber Richtung Bremen gehen wie unsere Vorfahren.“

„Quatsch, mach nicht bereits am ersten Tag schlapp“, rief Bileam und drohte dem Hund. „Ich möchte nicht schon jetzt bereuen, dass ich dich mitgenommen habe.“

„Warum willst du denn unbedingt nach Bethlehem?“, fragte die Katze. „Einen Weihnachtsmarkt gibt es doch auch im nächsten Dorf.“

„Ich habe im Traum ein Kind gesehen, das in einer Krippe lag. Es war ein besonderes

Kind. Von ihm ging viel Freude und Friede aus. Neben ihm saßen seine Eltern. Ich habe noch nie so viel Wärme und Liebe im Herzen gespürt wie in diesem Augenblick, als ich das Kind sah. Es muss ein Kind aus dem Himmel sein. Seinen Namen kenne ich nicht. Doch die Menschen erinnern sich an seine Geburt und kaufen und schenken Dinge, die sie auf den Weihnachtsmärkten erworben haben. Schöne Dinge, die Freude machen. Ich möchte den Ort suchen, an dem dieses Kind geboren wurde."

„Bethlehem."

„Ja, Thusnelda."

„Es ist ziemlich riskant, sich auf Träume zu verlassen", meinte die Katze. „Aber ich spüre, wie begeistert du bist. Das steckt an. Aber was tust du, wenn die Sonne nicht scheint und du die Richtung verlierst? Wie willst du dann den Weg nach Bethlehem finden?"

„Bethlehem kann man erspüren, wenn man das Herz weit aufmacht, Thusnelda. Das lässt dich nicht mehr los. Ich kann es nicht in Worte fassen, aber es zieht mich an diese Krippe."

Merkwürdig, dieser Esel, dachte die Katze. Es ist ein Philosoph an ihm verloren gegangen.

Sie kamen in die Nähe eines Dorfes. Schon von Weitem hörten sie die Geräusche, die die Menschen machen: Eine Säge kreischte, ein Motor heulte auf, ein Traktor tuckerte die Straße entlang, Hühner gackerten. Schließlich begann eine Glocke zu läuten.

„Ich vermisse das Kinderlachen", lauschte Thusnelda. „Früher habe ich immer gehört, wo Kinder sind, weil sie gelacht haben. Jetzt haben sie einen Knopf im Ohr, oder sie tasten mit den Fingern auf einem kleinen Gerät herum und sind ganz angespannt dabei."

Eine Weile waren die drei still. Plötzlich hörten sie einen wilden Schrei.

„Das war ein Hahn!", rief Bileam. „Es klang, als wollte ihm jemand an den Kragen."

Die Tiere schlichen näher an das Haus heran, wo sie den Schrei vermuteten. Tatsächlich! Da flatterte ein Hahn im Hof herum und eine Frau mit einem Beil in der Hand versuchte, ihn zu fangen.

„Bleib hocken, du verrücktes Vieh!", schrie die Frau und fuchtelte mit dem Beil in der Luft herum.

Der Hahn war schon alt und er konnte nur mühsam fliegen, und es sah ganz so aus, als ob die Frau ihn bald zu fassen bekäme.

„Wir müssen ihn aus seiner misslichen Lage befreien", schlug Bileam vor. „Das Beste ist, Harras, du beißt der Frau ins Bein, dann lässt sie von ihm ab."

„Bist du bei Trost? Ich mit meiner Arthrose und der Herzschwäche? Ich kann hinter der Frau nicht herjagen wie ein junger Spund.

Eher bekommt sie mich in die Finger und schlägt mir das Beil auf den Kopf."

„Alte Memme", brummte der Esel. Der Hund hörte es nicht. Bileam schlich an den Hof heran, aber so, dass die Frau ihn nicht zu sehen bekam, und stieß ein markerschütterndes „Iiih-a, iiih-a" aus. Die Frau fuhr zusammen. Sie ließ vor Schreck das Beil fallen. Diesen Augenblick nutzte der Hahn. Er nahm alle Kraft zusammen und schwang sich über den Zaun. Mit dem Fliegen ist es nicht mehr gut um ihn bestellt, schoss es dem Esel durch den Kopf.

„He, komm", rief er dem Hahn zu. „Wir sind allem Anschein nach Leidensgenossen. Bei uns bist du in Sicherheit."

Der Hahn, noch ganz durcheinander, aber froh, dass er der Frau und dem Beil entkommen war, lief mit flatternden Flügeln auf Thusnelda und Harras zu.

„Glück gehabt", sagte der Hund zur Begrüßung. „Ein paar Minuten später wärst du im Suppentopf gelandet. Darf ich mich vorstellen: Harras mein Name. Und die Katze heißt Thusnelda."

„Ich kann für mich selber sprechen", sagte Thusnelda.

„Ich bin der Gockel Hinkel", rief der Hahn noch außer Atem. „Hinkel heiße ich erst, seit ich so schlecht fliegen kann und mich eher auf den Füßen fortbewege."

„Willkommen im Kreis der Senioren", rief der Hund.

Bileam drängte zum Aufbruch. „Los, wir verschwinden erst mal im Wald, bevor das ganze Dorf hinter uns herhetzt."

„Keine Sorge", sagte der Hahn noch immer atemlos, „wegen eines entwichenen Vogels macht man hier kein Aufhebens."

„Nun, es wird mir erlaubt sein zu fragen: Du bist doch nicht der Jüngste und dein Fleisch ist nicht mehr so saftig wie in jungen Jahren", überlegte der Esel. „Warum solltest du dennoch in den Topf?"

Der Hahn krähte, er hatte seine alte Lebenskraft wiedergefunden. „Habt ihr eine Ahnung! Die Familie hat eine alte Tante. Sie wohnt in einem Altenheim in der Stadt. Manchmal besucht sie sie, und dann bringt sie ihr ein Töpfchen Hühnersuppe oder einen Braten mit. Sie isst so gern Geflügel."

„Daher bläst der Wind", nickte der Hund. „Du altes Raubein wärst gerade gut genug für die Tante gewesen, während die Familie lieber auf junge Hühner zurückgegriffen hätte."

✦

Eine Weile trotteten sie wortlos durch den Wald. Es begann zu schneien. Die Sonne zog sich hinter grauen Wolken zurück.

„Was ist nun mit Bethlehem?", fragte die Katze. „Dein himmlischer Wegweiser hat sich verdrückt."

„Bethlehem?" Der Hahn blickte in die kleine Runde. „Vor lauter Glück über meine Befreiung habe ich gar nicht gefragt, was ihr für Pläne habt! Wohin soll es denn gehen?"

„Nach Bethlehem, Hinkel. Bileam verfolgt einen verwegenen Plan. Er sucht das Kind, das den Weihnachtsmarkt erfunden hat. Von diesem Kind muss sehr viel Gutes ausgehen."

„Als ich euch so beisammen sah, überlegte ich, wir könnten Musik machen wie unsere Vorfahren."

„Damit kämen wir heute nicht mehr weit", erwiderte der Hund. „Die Konkurrenz live und über Streaming-Dienste ist sehr groß und unsere Stimmen kommen heutzutage ohne Verstärker nicht mehr aus."

„Ohne was?"

Bileam sah Harras fragend an.

„Wenn der Junior auf unserem Hof mit seinen Kumpanen in die Saiten griff, wackelte die Wand und du hörtest die Bässe und das Geschrei bis in meine Hundehütte."

Thusnelda nickte. „Auch ich kann ein Lied davon singen. Im Gegensatz zu Harras konnte ich mich auf den Heuboden retten."

„Also machen wir keine Musik wie die Bremer Stadtmusikanten?"

„Nein, Hinkel", rief der Esel. „Wir suchen das Kind. Punktum! Und zwar in Bethlehem."

„Bremen wäre näher", brummte Harras, doch er brummte so leise, dass es Bileam nicht hörte.

„Bremen ist mir bekannt aus der Familienchronik", nickte der Hahn. „Dahin ist mein Urgroßvater ausgewandert."

„Wir ziehen aber nicht nach Bremen, sondern nach Bethlehem!", rief der Esel, und es klang bedrohlich.

Schweigend stapften sie hintereinander her, eine Stunde, zwei. Hinkel hatte die meisten Schwierigkeiten, den anderen zu folgen. Denn das abwechselnde Flattern und Hüpfen im Schnee ermüdete ihn bald.

„Kann ich für kurze Zeit auf deinem Rücken Platz nehmen?", fragte er Thusnelda.

„Dass du mir mit deinen Krallen den letzten Rest des gesunden Fells zerkratzt? Nein! Das geht nicht. Frag Harras, der ist größer und stärker."

Aber auch Harras lehnte ab, wobei er wenigstens einen Anflug von Bedauern äußerte. Seine Arthrose sei schmerzhaft genug, vom kranken Herzen erst gar nicht zu sprechen. Bileam ahnte, was sich hinter seinem Rücken abspielte, doch er stellte sich taub.

Der Schneefall wurde heftiger. Und zugleich verdunkelte sich der Himmel.

„Wir müssen uns rechtzeitig um ein Nachtlager kümmern, denn es wird früh dunkel. Außerdem sollten wir etwas zu essen besorgen", schlug der Esel vor. Harras willigte nur zu gern ein.

„Thusnelda könnte vorauslaufen und die Lage auskundschaften. Sie ist noch gut zu Fuß", meinte der Hund. Die Katze zeigte ihm ihre Krallen.

„Ich werde mit ihr gehen", beschloss Bileam. „Eine Dame entlässt man nicht allein in die Dunkelheit." Thusnelda schnurrte geschmeichelt.

Die beiden machten sich auf den Weg. Die fernen Lichter der Häuser wiesen ihnen die Richtung. Je mehr sie

sich dem Dorf näherten, umso deutlicher hörten sie die Musik.

Plötzlich blieb der Esel stehen. „Hörst du, Thusnelda? Da spielen und singen sie wieder: ‚Zu Bethlehem geboren ist uns ein Kindelein‘. Glaubst du jetzt an das Kind, das in einer Krippe liegt? Deshalb müssen wir nach Bethlehem, verstehst du?"

Die Katze antwortete nicht. Irgendetwas an Bileams Plan kam ihr merkwürdig vor und konnte nicht stimmen. Sie wusste nur noch nicht, was es war.

Tannenbäume und Lichterketten umkränzten den historischen Marktplatz. „Du, schau, hier ist ein richtiger Weihnachtsmarkt, einer, den dieses Kind begründet hat", rief die Katze. Bileam sah sich forschend um und sagte erleichtert: „Einen Esel, der Kinder im Kreis herumtragen muss, haben sie hier nicht."

„Nein, das ist ein kleiner Weihnachtsmarkt", erwiderte Thusnelda. „Aber Glühwein- und Geschenkbuden haben sie hier auch."

Die Menschen standen lachend und trinkend in Gruppen beisammen. Sie waren gut gelaunt, redeten oder lauschten, wenn der Kinderchor auf der Bühne ein neues Weihnachtslied zu singen begann. Schließlich rief jemand: „Schaut mal, da ist ja ein Esel!"

„Und eine Katze!"

„Der Esel ist wahrscheinlich irgendwo ausgebüxt. Oder gehört er ins Dorf?"

„Vielleicht dem Müller?"

„Die Mühle ist seit zwei Jahren geschlossen, da gibt es keinen Esel mehr."

„Mensch, in unserer Lebendkrippe fehlt doch noch ein Esel. Der käme uns gerade recht. Jedenfalls so lange, bis sich der Eigentümer meldet."

Bileam erschrak. Er wollte auf dem Fuße kehrtmachen, da sah er viele Hände sich nach ihm ausstrecken. Einer erfasste sein Halfter. So sehr er sich auch wehrte und gegen den Griff stemmte, die Menschen waren stärker. Sie zerrten ihn

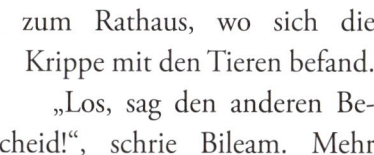

zum Rathaus, wo sich die Krippe mit den Tieren befand.

„Los, sag den anderen Bescheid!", schrie Bileam. Mehr konnte er nicht mehr hervorbringen, da schob man ihn in das Dunkel des Stalles. Die Katze machte einen gewaltigen Satz, sprang dem ersten Eselstreiber ins Gesicht und sauste dann zwischen den Beinen der Menschen hindurch zum Dorf hinaus. Das Fluchen des Mannes, dessen Gesicht sie zerkratzt hatte, hörte sie nicht mehr.

Bileam musste sich erst an das Dunkel gewöhnen, dann nahm er die Umrisse der anderen Tiere wahr. Zwei Schafe lagen auf dem Stroh und dösten. Ein drittes stand an einer Box und knabberte am Heu.

„Was bist du denn für einer?", fragte das Schaf und hielt

im Kauen inne. „Du wirst sehen, man wird hier ganz gut versorgt. Von hier bist du nicht, oder?"

„Mir ist nicht nach reden zumute", brummte Bileam. „Ich bin nicht freiwillig hier."

„Oh, das sind wir auch nicht. Aber besser hier als draußen im Pferch wie die anderen."

Die beiden anderen Schafe blickten auf und starrten ihn an. Das sind auch nicht die Hellsten, dachte der Esel. Aber man kann sich seinen Verstand ja nicht aussuchen.

Aus einer dunklen Ecke des Stalles ertönte ein dumpfes, grollendes Muhen. „Das ist Timotheus", sagte eines der widerkäuenden Schafe.

„Timotheus?"

„Ja, der Ochse. Zum Stall von Bethlehem gehört ein Ochse. Das ist nun mal so."

„Bethlehem?" Bileam war mit einem Male hellwach. „Ist hier Bethlehem?"

„Nicht direkt", antwortete das Schaf. „Aber überall, wo eine Krippe steht, wird an Bethlehem erinnert. An den Ort, wo der Stall war, in dem das Jesuskind geboren wurde."

„Jesuskind? Ist das das Kind, das den Weihnachtsmarkt erfunden hat?" Das Gelächter, das sich jetzt erhob, erstickte im Stroh. Timotheus stupste Bileam an. „Du hast wohl alles vergessen, was?"

„Was habe ich vergessen?"

„Vor zweitausend Jahren bekamen wir beide einen gehörigen Streit. Du wurdest zu mir gesperrt, obgleich ich kaum Platz für mich allein hatte, und ich musste den Schlafplatz im Stall mit dir teilen. Weißt du das nicht mehr? Ich war wütend, weil ich mich einschränken musste, doch auch neidisch, weil du die junge Frau, die Maria hieß, von Nazareth nach Bethlehem tragen durftest und der erste Zeuge der Geburt des Kindes warst, das später Jesus hieß und der Heiland der Welt war."

Die drei Schafe umringten den Esel, ihr blökendes Gelächter brachte Bileam aus der Fassung.

Der Ochse brüllte, und augenblicklich waren die Schafe still.

„So ganz falsch liegst du nicht", wandte sich Timotheus an den Esel. „Auf Jesus gehen in der Tat irgendwie die Weihnachtsmärkte zurück. Ohne ihn wäre es hier zappenduster. Aber weil er den Frieden und die Liebe zu den Menschen brachte, erinnern sich die Menschen an diese große Tat und beschenken sich zu Weihnachten."

Bileam zog sich für eine Weile sinnend in eine Ecke zurück. Natürlich war er nie im echten Bethlehem gewesen, aber er hatte davon so intensiv geträumt, als ob er tatsächlich dort gewesen sei. Und Timotheus? Wahrscheinlich warf der Ochse hier etwas durcheinander, wusste von seinen Vorfahren eine ähnliche Geschichte. Oder war er bereits etwas dement?

Von jenseits des Zaunes drängten Kinder herein. Jetzt erst wurde Bileam darauf aufmerksam, dass sie vor einer Nachbildung der Krippe standen und Maria, den heiligen Josef und das Kind bestaunten. Sie unterhielten sich leise, als könnten sie den schlafenden Jesus stören. Auf einem Bord stand eine Sammelbüchse. Dort hinein warfen die Kinder einige Münzen. „Das ist für uns", sagte ein Schaf. „Von dem Geld kaufen die Leute Heu und Möhren. Es geht uns doch gut, nicht?"

Der Esel antwortete nicht. Was er soeben gehört hatte, erschütterte ihn. Nein, sie mussten nicht weiter nach Bethlehem gehen. Den weiten Weg konnten sie sich sparen. Bethlehem war auch hier. Er hatte es zufällig in diesem Dorf entdeckt, worauf Thusnelda schon eher gestoßen war. Nun kam es darauf an, zu den anderen zurückzukehren, um ihnen Bescheid zu geben.

„Ich muss hier unbedingt raus", rief Bileam. „Kannst du mir helfen?"

Timotheus widersprach, ein Esel gehöre nun mal an die Krippe, das sei historisch verbürgt. Doch dann meinte er: „Ich könnte mit meinen Hörnern so kräftig gegen die Bretterwand stoßen, dass zwei Latten hinausfliegen und du dich davonmachen kannst. Aber dann wird man mir zwei Tage nichts zu essen geben. Ich kenne die Menschen. Sie sind nachtragend."

Unterdessen erstattete die Katze Bericht. Thusnelda bauschte die Geschichte auf, denn nun stand sie im Mittelpunkt. Bei Harras und Hinkel erweckte sie den Eindruck, Bileam säße in der Lebendkrippe wie in einem Verlies, sei ein Gefangener bei Wasser und Brot.

„Wir müssen ihn noch in dieser Nacht befreien, sonst sehen wir ihn vielleicht nie wieder", schloss sie ihren Bericht.

Harras fletschte die Zähne.

„Was ist los mit dir?", fragte Thusnelda.

„Ich prüfe mein Gebiss, ob ich jemanden in die Wade beißen kann. Doch ich fürchte,

meine Zähne sind zu stumpf, um ein Hosen-
bein zu durchdringen."

„Kratzen kann ich, doch es wird nicht viel
nützen", jammerte die Katze. „Es sind zu viele
Menschen dort."

„Und mir wird es schwerfallen, jemandem
auf den Kopf zu springen und ihm in die Ohren zu hacken", meinte Hinkel. So bedauerten
sich alle.

„Wir warten, bis es weit nach Mitternacht
ist, dann ist niemand mehr auf dem Weihnachtsmarkt. Vor Ort wird uns gewiss etwas
einfallen, wie wir vorgehen müssen", schlug
Harras vor. Thusnelda kannte den Weg. Sie
führte Harras und Hinkel schnurstracks auf
den Marktplatz und vor das Rathaus, wo sich

die Lebendkrippe befand. Es war still, die Turmuhr des Rathauses schlug zweimal.

„Wenn wir Bileam rufen, werden auch die anderen wach", meinte die Katze. „Man weiß nicht, wie die Tiere zueinander stehen."

„In der Umgebung einer Krippe muss es doch friedlich zugehen, oder was meint ihr?", fragte Hinkel. Harras und Thusnelda wiegten die Köpfe.

„Schaut, die Tür zum Stall ist nur mit einem Holzriegel verschlossen, den man hochschieben kann", stellte Hinkel fest. „Wenn ich dort hinaufkäme, könnte ich sie vielleicht öffnen."

„Du kannst doch fliegen", ermunterte Harras sie.

„Ja, aber ich kann nur kurze Flattersprünge machen. Und es ist kein Halt, wo ich mich festklammern könnte." Harras stellte sich auf die Hinterpfoten, doch er erreichte nur die halbe Höhe. „Machen wir es wie unsere Vorfahren am Räuberhaus.

Harras nimmt mich auf den Rücken und ich Hinkel. Das dürfte reichen."

Thusneldas Vorschlag wurde sogleich angenommen und gelang beim zweiten Versuch. Hinkel balancierte zuoberst, Harras beklagte das Gewicht, das für seine Arthrose höchst gefährlich sei. Kaum sprang die Tür auf, stand Bileam in der gähnenden Öffnung.

„Da seid ihr ja endlich. Ich habe bereits auf euch gewartet." Auf seinem Rücken befand sich ein Bündel Heu als Wegzehrung und ein Bund Möhren als Ausgleich für ausgestandene Ängste.

Sie redeten nicht viel, sie machten, dass sie fortkamen, doch der Esel hatte es nicht sonderlich eilig.

„Was ist los, Bileam? Sonst ist Harras doch immer der Letzte! Mit diesem Tempo kommen wir nie nach Bethlehem."

„Wir müssen uns nicht länger beeilen, Thusnelda. Bethlehem ist, das hast du richtig erkannt, auch hier in diesem Dorf."

„Wirklich?" Harras blieb stehen, was ihm wegen der Schmerzen in den Gliedern höchst willkommen war. „Habe ich richtig gehört?"

„Ja, mein Freund. Bethlehem ist überall, wo man sich der Geburt des himmlischen Kindes erinnert."

„Des Kindes, das die Weihnachtsmärkte erfunden hat?", fragte der Hahn.

„Ja, Hinkel. Da wir es nun wissen, haben wir auch das Ziel hautnah vor uns."

Harras machte einen Sprung, den man ihm wegen seiner Arthrose nicht zugetraut hätte. „Bin

ich froh, dass wir schon in Bethlehem ange-
kommen sind. Bis ins Heilige Land hätte ich
es nie geschafft."

„Gehen wir jetzt nach Bremen, Musik machen wie unsere Vorfahren?", wollte der Hund
wissen.

Bileam schüttelte verwundert den Kopf.
„Wir werden einen Ort finden, an dem wir in
Zukunft leben können, auch ohne Musik."

Sie warteten den Morgen ab. Als der erste
Lichtstreif den Horizont erhellte, wanderten
sie Stunde um Stunde, mit den nötigen Pau-
sen versteht sich, denn der Hund kam wegen
seiner Bein- und Herzschmerzen nur schwer
vorwärts, und auch die Katze zeigte bald Er-
müdungserscheinungen. Der Hahn dagegen,
überglücklich, dass er seinen Kopf behalten
hatte, spreizte seine Flügel, und siehe da, er
konnte plötzlich zwanzig Meter an einem
Stück weit fliegen.

„Versuch doch mal, ob du die Spitze jener Esche erreichen kannst. Von dort hast du einen schönen Rundblick und kannst uns raten, wohin wir uns wenden sollen", schlug Bileam vor. Hinkel plusterte sich auf, schlug ein paarmal mit den Flügeln, und – es war kaum zu glauben – der Hahn erhob sich und erreichte, indem er von Ast zu Ast flog, nach großer Kraftanstrengung die Krone des Baumes.

„Nun, was siehst du?", riefen die drei, die unten geblieben waren.

„Sache, sachte", antwortete Hinkel, „ich muss mich erst orientieren."

Nach einer Weile: „Felder sehe ich, schön gepflügte Felder unter dem Schnee. Aus manchen sprießt die Wintersaat. Es ist Winter, und alles sieht sehr gepflegt aus."

„Dazu muss man nicht auf einen Baum fliegen. Das sieht man auch hier unten, dass die Felder gepflegt aussehen – und dass Winter ist."

„Halt, dort hinten steht ein einsames Haus."

„Was für ein Haus?" Der Esel reckte sich, als könne er über Bäume und Buschwerk hinwegsehen.

„Was weiß ich. Es ist ein stattliches Haus, groß, wie mir scheint. Es macht keinen schlechten Eindruck."

„Komm herunter, jetzt sind wir fast so schlau wie vorher."

Der Hahn flog von der Esche herab und sah Bileam beleidigt an.

„Wir sollten uns das Gebäude aus der Nähe ansehen", schlug Harras vor. „Vielleicht gibt es dort einen übrig gebliebenen Knochen."

„Und wenn es ein Räuberhaus ist", fragte Thusnelda, „wie es unsere Vorfahren angetroffen haben?"

„Räuberhäuser stehen in finsteren Wäldern und nicht auf einem Hügel. Zudem sind die Fenster erleuchtet."

Sie marschierten in die Richtung, in der Hinkel das Haus entdeckt hatte. Je näher sie ihm kamen, umso größer und stattlicher erschien es ihnen. Freundlich lag es im kalten Morgenlicht. Die Fenster blitzten in der aufgehenden Sonne. Links vom Eingang stand ein mit einer Lichterkette geschmückter Tannenbaum.

„Ich glaube, dies ist ein Altenheim", bemerkte Harras.

„Nein, eine Seniorenresidenz", sagte Thusnelda. „In einem Nachbarort, in dem ich einmal zu tun hatte, gab es auch so ein Haus.

Die Menschen dort haben aber nicht residiert, sie wurden versorgt und gepflegt. Doch glückliche Gesichter habe ich nicht gesehen."

„Bist weit herumgekommen, du Streunerin", brummte Harras.

Bileam schüttelte sich. „Diese alten Menschen sind abgeschoben und unnütz wie wir. Sie leben hier draußen, weit vor der Stadt, wo sie niemandem im Wege sind."

„Das haben sie nicht verdient!", schnauzte Harras und fletschte die ihm verbliebenen Zähne.

„Haben wir unser Los verdient, nachdem wir jahrelang den Menschen von Nutzen waren?", fragte Bileam.

Dem Hahn trat eine Träne ins Auge.

Die Flügeltür öffnete sich. „Ach, wen haben wir denn da?" Eine alte Dame, in einen dicken Mantel verpackt, trat auf die Schwelle. Sie hatte schlohweißes Haar, das unter der Pelzmütze hervorstach, und ein freundliches Gesicht. „Ihr seid ja ein wunderliches Gespann. Was treibt euch denn so früh hierher? Ich mache meinen allmorgendlichen Spaziergang vor dem Frühstück. Nein, das ist ja eine nette Überraschung. Was wollt ihr denn hier?"

„Ja, so recht wissen wir das selbst nicht", sagte Bileam. „Wir sind zufällig hier vorbeigekommen. Wir haben Bethlehem gefunden und sind jetzt auf der Suche nach einer Bleibe im Alter."

Nun wurde die alte Dame ernst. „Eine Bleibe, so. Dann sind wir ja miteinander verwandt", sagte sie. „Aber was ist mit Bethlehem?"

„Er wollte das Kind suchen, das die Weihnachtsmärkte erfunden hat, und weiß nun, dass Bethlehem überall dort ist, wo man seine Liebe spürt", erwiderte die Katze.

Inzwischen waren auch einige andere alte Menschen auf die Tiere vor ihrer Residenz aufmerksam geworden. Sie kamen und bestaunten die Gäste.

„Endlich einmal eine schöne Abwechslung!", rief ein älterer Herr. „Immer Gedächtnistraining und ‚Mensch ärgere dich nicht', das ist doch langweilig."

„Oder Vorträge über Ernährung im Alter und Stützstrümpfe", ergänzte eine Dame am Rollator.

Es entstand ein kleiner Tumult. Die Tiere waren plötzlich in den Mittelpunkt gerückt, und immer mehr Menschen kamen aus dem Haus und umringten sie.

„Was ist denn hier los?" In der Eingangstür erschien eine kräftige Dame im weißen Kittel und blickte auf die Versammlung. Auf ihrer Stirn bildeten sich zwei tiefe Falten.

„Wir haben Besuch", sagte die freundliche alte Dame, aber ihre Stimme zitterte dabei.

„Das sehe ich. Wo kommt das Pack denn her? Wahrscheinlich irgendwo ausgerissen, was?"

„Wir sind kein Pack", rief der Esel. „Wir sind Tiere auf der Suche nach einer Bleibe."

„Auf Herbergssuche", sagte der Hahn.

„Ach, ja? Ihr seid sicher vom Schlachthof getürmt. Ich werde die Polizei rufen!", drohte die Heimleiterin.

„Bitte nicht!", rief die alte freundliche Dame mit brüchiger Stimme, und auch die anderen Heimbewohner schlossen sich der Bitte an. „Wir haben doch so selten so schönen Besuch!"

„Schnickschnack!", erwiderte die Heimleiterin ärgerlich. „Von ‚schön' kann doch wohl keine Rede sein. Haben Sie denn keine Augen im Kopf? Diese räudigen Tiere sind ja völlig unansehnlich. Schäbiges Pack! Sie sind in einem elenden Zustand und nichts mehr wert."

Der Esel reckte sich und stemmte die Hufe fest gegen den Boden; er sah nun zehn Zentimeter größer aus.

„Damit Sie wissen, aus welch vornehmem Geschlecht wir sind: Einer meiner Vorfahren stand schon an der Krippe in Bethlehem bei der Geburt Jesu und hat die Heilige Familie auf der Flucht nach Ägypten begleitet. Ganz zu schweigen von den Ahnen im Alten

Testament, die eine wichtige Rolle gespielt haben."

Harras schob sich in den Vordergrund. „Auch mich sollten Sie nicht unterschätzen. Meine Ahnen waren die Wölfe, die in der biblischen Geschichte neunmal zitiert werden. Etwas von ihrer Wildheit ist auf mich übergegangen. Ich kann ganz schön zubeißen, wenn mir danach ist." Der Hund wandte sich schnell ab, damit niemand sein fehlerhaftes Gebiss sähe.

„Eine meiner Ahnen war eine Göttin mit Namen Bastet", sagte Thusnelda stolz. „Im Alten Ägyptischen Reich in Bubastis und Memphis genoss sie hohe Ehren. Ich bitte mir also etwas mehr Respekt aus." Die Katze zog sich schnell zurück, um ihr räudiges Fell nicht länger zur Schau zu stellen.

„Falls Sie sich im Neuen Testament gut auskennen", wandte sich nun der Hahn an die herzlose Heimleiterin, „dann werden Sie wissen, dass mein Vorfahr gekräht hat, als Petrus den Herrn verleugnete."

Die Heimleiterin zeigte sich unbeeindruckt, doch die Bewohnerinnen und Bewohner klatschten in die Hände und äußerten ihre Freude über den unverhofften Besuch.

„Also, ihr könnt hier nicht bleiben. Geht, und sucht euch eine andere Unterkunft", forderte die Heimleiterin. „Oder ich lasse euch von der Polizei …"

„Oh, warum dürfen die vier denn nicht bei uns bleiben?", schaltete sich eine andere Bewohnerin ein. „Wir würden uns auch um die Tiere kümmern, nicht wahr?"

„Ja, wir haben doch ein leer stehendes Wirtschaftsgebäude. Da könnten die Tiere untergebracht werden, bis wir einen geeigneten Ort gefunden haben."

Ein lautes „Ja" von allen Seiten stimmte dem Vorschlag zu.

„Wie Sie wissen, ist die Tierhaltung im Haus ‚Seelenfrieden' verboten", drohte die Heimleiterin. „Jeder von Ihnen hat den Paragrafen bei der Aufnahme unterschrieben. Oder soll ich Ihnen den Passus aus dem Vertrag vorlesen?"

Inzwischen war trotz der Kälte fast die ganze Hausgemeinschaft vor der Seniorenresidenz erschienen. Niemand bemerkte, dass sich ein noch rüstiger Herr aus dem Kreis davonstahl und im Seniorenheim verschwand. Während die Gruppe vor dem Haus noch weiter diskutierte, griff er zum Telefon. Nach wenigen Minuten kam er zurück.

„Ich habe meinen Neffen angerufen, er wird gleich hier sein", unterbrach er die Mitbewohner mit kräftiger Stimme.

„Aber Herr Bertram, das wäre doch nicht nötig gewesen."

„Scheint mir aber doch so, Frau Kleinkröse."

Der angekündigte Besuch schien der Heimleiterin nicht zu behagen.

„Ihr müsst nämlich wissen, mein Neffe ist Aufsichtsratsvorsitzender und Mitbegründer dieses Hauses ‚Seelenfrieden'", wandte sich Herr Bertram an die Tiere.

Da haben wir ja ziemlich viel Unruhe in die Gesellschaft gebracht, dachte Bileam. Zu blöd, dass ich Hinkel auf den Baum geschickt habe. Besser, wir fänden einen Schuppen oder ein leeres Fabrikgelände. Wenn ich hier sommertags vor der Tür in der Sonne liegen könnte, dachte Harras, welch ein Vergnügen! Ob mich hier wohl jemand streicheln würde, überlegte Thusnelda. Alte Menschen sehen ja nicht mehr so gut, und so finden sie mein räudiges Fell vielleicht nicht so hässlich. Der Hahn sah nach dem Giebel des Hauses und dachte, wie herrlich es wäre, von dort oben einmal den Tag zu begrüßen.

Nach einer Viertelstunde fuhr ein Wagen vor. Nachdem der Neffe erfahren hatte, was vorgefallen war, zog er sich mit der Heimleiterin zur Beratung zurück. Herr Bertram bestand darauf, bei der Unterredung dabei zu sein. Das Gespräch dauerte lange. Die Kälte konnte die Bewohner von Bileam, Harras, Thusnelda und Hinkel nicht trennen. Als die drei Personen schließlich wieder vor die Haustür traten, machten zwei zufrie-

dene Gesichter. Die Heim-
leiterin aber hatte einen
roten Kopf.

„Bitte, schenken Sie mir
einen Augenblick Gehör", sagte
der Neffe. „Wir sind übereinge-
kommen, die freundlichen Gäste
in unsere Hausgemeinschaft zu
integrieren."

„Inte… Was ist denn das?", flüsterte Harras.

Thusnelda hielt ihm mit der Pfote das
Maul zu.

„Warum sollen alte Herrschaften nicht mit
alten Tieren zusammenleben? Natürlich nicht
im gleichen Stockwerk", lachte der Neffe. „Wir
haben beschlossen, von unserem schönen
Heimgarten ein Stück abzugrenzen, das Wohn-
raum für den Esel, den Hund, die Katze und
den Hahn werden soll. Natürlich bekommen
sie auch eine Unterkunft, einen schönen Stall.
Ich lasse noch heute einen Bauplan erstellen.
Der tägliche Kontakt miteinander wird unse-
ren Bewohnern guttun und den Tieren auch.
Ich bin froh" – und bei diesen Worten blickte

er auf die Heimleiterin, die noch immer ein rotes Gesicht zur Schau trug –, „dass Frau Kleinkröse sofort bereit war, meinen Vorschlag zu unterstützen. Mein Onkel, Herr Bertram, wird die Aufsicht darüber führen, ob unsere neuen Mitbewohner täglich ausreichend zu essen bekommen, und mir einmal monatlich über ihren Zustand berichten. Also, auf ein herzliches Miteinander!"

Die Tiere konnten nicht fassen, was mit ihnen geschehen sollte. Sie waren sprachlos und sahen sich fragend an. Dann aber überwältigte sie das Glück. Der Neffe gab seinem Onkel und Frau Kleinkröse die Hand. Und während die Heimleiterin ins Haus rauschte, klatschten alle, die alten Bewohner und die neuen Gäste, in Hände, Hufe und Pfoten, wobei Bileam sich recht ungeschickt anstellte und fast zu Boden gefallen wäre. Hinkel, der Hahn, aber schlug so heftig mit den

Flügeln, dass der Staub in Wolken aus den Fe-
dern stob und alle in ein lautes Nieskonzert
einstimmten …